CE QUE VEUT LE PARTI NATIONAL

DISCOURS-PROGRAMME

PRONONCÉ

le 22 Octobre 1907, au Théâtre Zizinia, à Alexandrie

PAR

S. E. MOUSTAFA PACHA KAMEL

LE CAIRE

IMPRIMERIE DU JOURNAL " L'ÉTENDARD ÉGYPTIEN "
29, Rue Dawawine, 29

1907

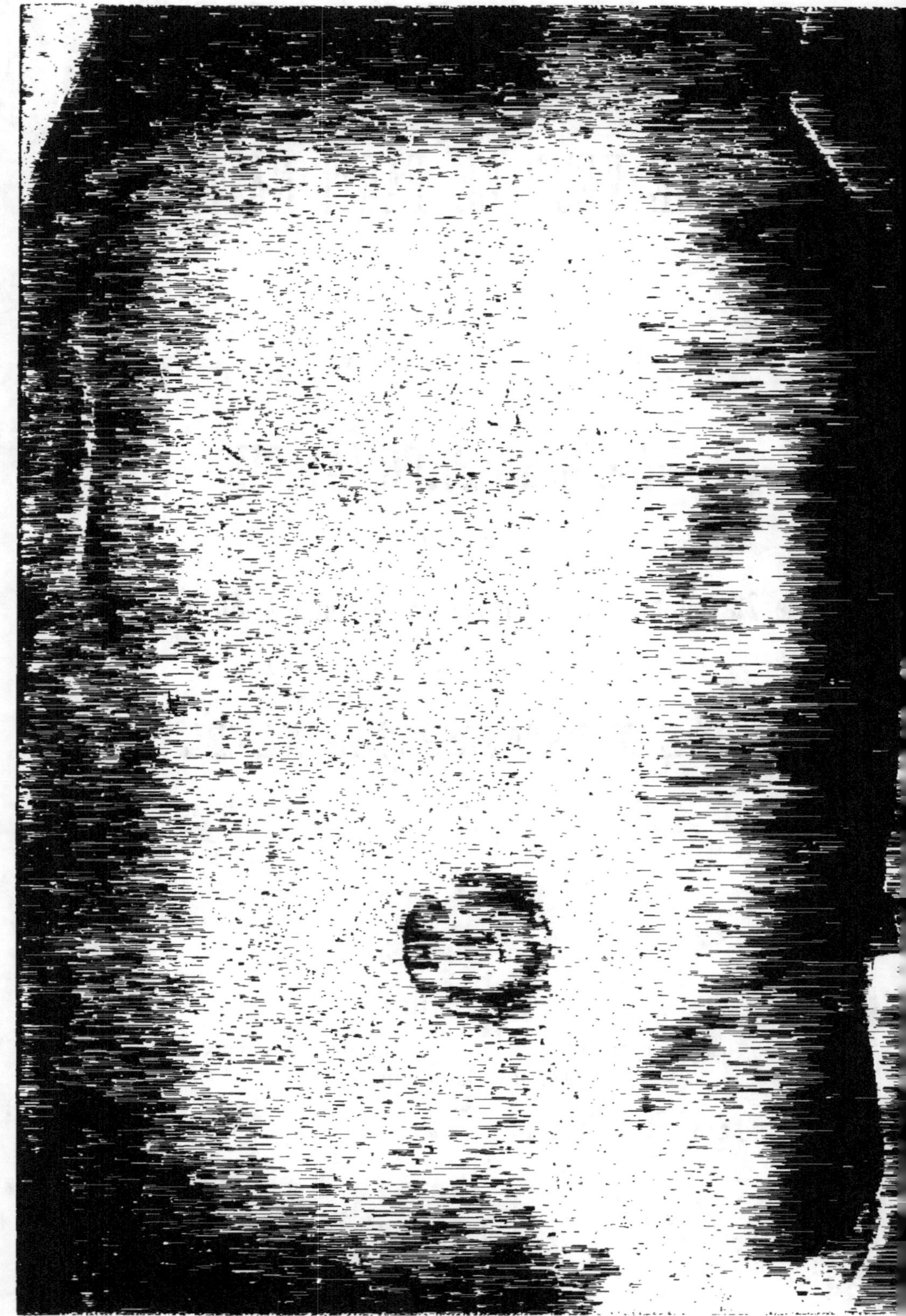

CE QUE VEUT LE PARTI NATIONAL

DISCOURS-PROGRAMME

PRONONCÉ

le 22 Octobre 1907, au Théâtre Zizinia, à Alexandrie

PAR

S. E. MOUSTAFA PACHA KAMEL

LE CAIRE

IMPRIMERIE DU JOURNAL " L'ÉTENDARD ÉGYPTIEN "
29, Rue Dawawine, 29

1907

Ce que veut le Parti National

DISCOURS-PROGRAMME

PRONONCÉ

le 22 Octobre 1907, au Théâtre Zizinia, à Alexandrie

PAR

S. E. MOUSTAFA PACHA KAMEL

Ce fut une grande et belle soirée que celle d'hier, et un événement sensationnel pour la ville d'Alexandrie.

Longtemps avant l'heure fixée, une foule compacte se pressait aux portes du Théâtre Zizinia qui fut littéralement envahi et pris d'assaut. Dans cette foule, des notables venus d'un peu partout, quelques personnages marquants, de nombreux étudiants et beaucoup de jeunesse scolaire.

En un clin d'œil la salle fut archicomble. Parterre, loges, amphithéâtre regorgeaient de monde. Il n'y avait plus une place assise, il n'y avait plus une place debout. Passages et couloirs tout était plein, plein, plein. Et il n'y a aucune exagération à parler d'environ 6,000 personnes.

A 8 heures 1 2 parait â la tribune Moustafa Kamel pacha. Le directeur du « Lewa » et des « Etendards » est salué par une longue, une interminable ovation, des applaudissements frénétiques et des cris cent fois répétés de : Vive l'Égypte ! Vive les serviteurs de la Patrie ! Vive le patriotisme !

Un silence soudain se fit aux premières paroles de notre directeur. Mais à chaque instant, ce silence mal contenu fut inter-
rompu par les applaudissements que déchaînait l'éloquence de
l'orateur. La lecture du programme du Parti National fut tout
particulièrement soulignée par des marques d'approbation vives
et enthousiastes.

Le discours prit fin vers 10 heures moins vingt. La manifestation sympathique recommença alors. Des couronnes de fleurs
furent offertes à Moustafa Kamel pacha, à qui une nouvelle et
grandiose ovation fut encore faite, tandis qu'il se retirait.

Voici, in-extenso, la traduction française du discours de notre
Directeur:

Messieurs et chers compatriotes

Comment vous remercier de votre manifestation cordiale et de
votre haute affection envers moi ? Ma seule ambition dans la vie
est de vous voir d'accord avec moi sur les sentiments et les idées.
Vous avez réalisé cette ambition, et vous m'avez donné le maximum de ce que je souhaitais.

Le principe et son serviteur

Je sais que vous avez voulu, par votre manifestation, répondre à nos ennemis déclarés et cachés, leur faire entendre vos
voix justes, et dire à tout le monde que vous êtes les partisans
du sentiment national et les aides du mouvement égyptien, et
que les serviteurs de ce pays trouvent toujours auprès de vous
le concours et la bienveillance.

Je sais aussi que vous croyez comme moi que ceux qui font
don de leurs forces et de leur vie à leur patrie, n'ont plus d'existence personnelle indépendante du principe au triomphe duquel
ils travaillent. Ils font partie du principe lui-même. Tout salut
qu'on leur adresse est adressé au principe lui-même. C'est pourquoi j'accepte les preuves d'amitié et d'affection que vous me
donnez comme étant la glorification du plus noble principe au
service duquel l'homme s'est dévoué: je veux parler du principe
de la renaissance de la Patrie et de la restitution de sa gloire
et de son indépendance.

L'Égypte après l'accord

MESSIEURS.

L'Egypte a marché, dans les trois dernières années, à grands pas dans la voie du mouvement national, et a fait entendre aux nations et aux puissances une voix à laquelle elles n'étaient pas habituées.

Les diplomates anglais ont cru qu'en s'entendant avec la France sur la question d'Egypte ils jetteraient dans l'oubli ce procès important. Ils ont cru que, par cet accord, toute voix se tairait, toute espérance mourrait, le désespoir prenant la place de l'espoir, et le peuple égyptien ne devenant plus qu'une chose antique comme les autres antiquités que les touristes viennent visiter chaque année.

Ils se sont grandement trompés. Oui, ils se sont trompés, ces diplomates que le monde entier considère comme les hommes les plus habiles dans la direction des affaires humaines, dans la préparation des évènements et dans la préparation de l'avenir.

Ils se sont trompés, car l'isolement dans lequel nous nous sommes trouvés nous a donné une âme nouvelle et nous fait comprendre cette vérité sans laquelle aucun peuple ne peut vivre: que les nations ne peuvent se relever et reconquérir leur indépendance que par leurs propres efforts; et que le peuple, comme l'individu, ne peut être tranquille, s'il n'est pas fort, prêt à défendre son honneur, sa fortune et sa vie.

Oui, nous avons compris que les nations qui veulent le progrès par l'aide de leurs voisins et de leurs amis et dont l'indépendance n'existe que grâce à leur allié, sont des nations en danger. Leur vie est menacée à chaque instant.

Le sentiment national et les ennemis

Ceux qui ne voyaient en nous que des morts qui se remuent, se sont étonnés comme les ennemis du patriotisme égyptien, de cette âme nouvelle qui a gagné toute la nation; ils se sont demandé comment le peuple pourrait trouver la vie? L'Egypte pourrait-elle se relever elle-même? pourrait-elle travailler seule à l'indépendance? pourrait-elle réaliser ses vœux par sa propre volonté? pourrait-elle vaincre le désespoir et triompher des évènements et des malheurs?

Oui, mille fois oui, ô ennemis de l'Egypte ! Elle réalisera ses vœux, par sa propre volonté et son énergie.

Vous dites, ô ennemis de l'Egypte, que nous avons vécu de longs siècles, humiliés, malheureux et gouvernés par l'étranger. L'autorité étrangère changeait ; mais notre malheur subsistait toujours. C'est votre argument pour dire que nous sommes créés pour la servitude et l'esclavage ; et que la souveraineté nationale ne régnera jamais sur la vallée du Nil.

Vous en avez menti, ô ennemis de l'Egypte. Je le jure par ma Patrie. La survivance de cette nation à tant de malheurs, d'humiliations et de calamités, l'existence du sentiment national après tout ce qui est arrivé, est une preuve irréfutable que les temps sont venus pour que l'Egypte recouvre ses droits spoliés, et reprenne sa place dans le monde.

Vous dites, ô ennemis de l'Egypte, qu'elle a vécu longtemps asservie et dominée. Et vous vous demandez comment elle pourrait vivre noble et indépendante. Vous oubliez que ce passé noir augmente notre droit à un avenir brillant et resplendissant. Vous oubliez qu'un long malheur donne droit à un bonheur aussi long que lui, et qu'un peuple qui a passé des siècles et des siècles sans dépenser ses forces pour le bien de la Patrie, serait le plus fort des peuples de la terre, le jour où il dirigerait ses forces vers le but sublime.

Vous dites, ô ennemis de l'Egypte, que si nous venions jamais à réussir, nous ne pourrions obtenir cette indépendance qu'après longtemps. Nous vous répondons que, même si vos dires étaient vrais, nous ne devons pas négliger notre œuvre un seul instant. Nous ne travaillons pas pour nous mêmes, mais pour notre Patrie. Elle, elle demeure ; quant à nous, nous ne faisons que passer.

Que peuvent peser les années et les jours dans la vie de l'Egypte, elle qui a assisté à la naissance de toutes les nations, et qui a doté de sa civilisation le genre humain tout entier ?

L'ouvrier qui travaille avec la certitude d'arriver au succès, voit le succès devant lui comme s'il était un fait accompli. Nous voyons dès aujourd'hui l'indépendance égyptienne. Nous nous réjouissons d'elle et nous prions pour elle, comme si elle existait réellement ; et elle existera sans conteste.

Les nuits peuvent se multiplier. Les jours peuvent se suivre ; une aurore peut succéder à une aurore, et un couchant à un couchant, nous ne connaitrons jamais la lassitude, nous ne nous arrêterons point dans notre chemin, et nous ne dirons à aucun moment : Nous avons trop attendu !

Nous avons dirigé nos cœurs, nos forces et nos vies vers le plus noble but que les nations dans le passé et dans le présent ont cherché et qui sera toujours dans l'avenir le mobile des actions humaines.

Les intrigues ne nous effrayent point : les menaces ne peuvent jamais nous arrêter. Les insultes n'ont aucune prise sur nous : les trahisons ne nous troublent point : la mort elle-même ne peut pas se dresser entre nous et le grand but que nous poursuivons.

Oui ! si la mort nous prend l'un après l'autre, nos dernières paroles à ceux qui nous succèdent seront : « Soyez plus heureux que nous : que Dieu vous bénisse ! qu'il vous donne le succès, et qu'il fasse sortir de la foule des centaines et des milliers, pour réclamer le droit national, la liberté patriotique et l'indépendance sacrée ! »

Mon pays ! Mon pays ! A toi mon amour et mon âme ! A toi ma vie et mon existence ! A toi mon sang et mon souffle ! A toi mon cerveau et ma parole ! A toi mes pensées et ma conscience ! C'est toi la vie, et sans toi, ô Egypte, la vie n'existe point !

L'amour de l'Egypte et sa renaissance

Les ignorants et les pauvres de sentiments disent que je suis exalté dans l'amour de l'Egypte. L'Egyptien peut-il jamais être exalté dans l'amour de son pays ? Il peut l'aimer tant qu'il veut, il ne pourra jamais atteindre le degré d'amour que mérite sa beauté, sa majesté, son histoire et la grandeur dont elle est digne.

Que ceux qui me critiquent la voient telle qu'elle est et la visitent : qu'ils lisent son passé et qu'ils demandent à ceux qui viennent la visiter de tous les coins de la terre : Dieu a-t-il créé une patrie plus noble, plus haute, ayant une nature plus belle, des souvenirs plus majestueux, un ciel plus pur, une eau plus douce, une terre plus fertile et plus digne d'être aimée et adulée que cette patrie égyptienne ?

Demandez au monde entier. Il vous répondra d'une seule voix que l'Egypte est le paradis du monde, et qu'un peuple qui l'habite et en hérite est le meilleur des peuples, s'il sait la conserver, et qu'au contraire, il commettrait un crime contre elle et contre lui-même, s'il cédait ses droits et laissait l'étranger la subjuguer.

Si je n'étais pas né Égyptien, j'aurais désiré être Égyptien. Quelques ignorants et quelq. es écervelés trouvent que faire partie d'une peuple opprimé comme le peuple égyptien est indigne d'un homme. Mais quel honneur plus grand l'homme peut-il ambi tionner que de travailler à la renaissance d'une nation, qui a connu la science, la civilisation et la littérature avant toutes les autres nations ! Quelle fierté plus grande l'homme noble peut-il désirer que celle de contribuer au relèvement d'un peuple qui a été le maître des peuples humains et l'éducateur du monde ? Quelle gloire plus élevée les âmes généreuses peuvent-elles convoiter que celle d'aider à faire sortir la patrie égyptienne des ténèbres à la lumière, et de lui rendre la première place parmi les autres pa tries qui vivaient dans l'obscurité noire quand notre pays était la source même de toute science ?

Quel plaisir, quel bonheur et quelle récompense plus grande le patriote égyptien pourrait-il demander, que sa participation à cette œuvre colossale, la plus grande que le 20e siècle soit appelé à voir? Le gain moral du patriote égyptien est plus grand, beau coup plus grand que ses fatigues et ses efforts.

Radicaux !

Messieurs,

Quelques uns de ceux qui ignorent la vérité ou qui sont payés pour servir les Anglais, nous appellent radicaux, et divi sent la nation en groupes et en coteries. Ils ne savent pas qu'il ne doit exister dans un pays qui a perdu son indépendance et qui est dominé par l'étranger qu'un seul parti : le parti de la Patrie, le parti de la liberté, le parti de l'indépendance !

Ils oublient ou feignent d'oublier, ces malheureux, qu'un pays occupé par l'étranger ne peut avoir qu'une seule politique, celle de réclamer l'indépendance ; et que toute parole ou toute œuvre, qui consisterait à affaiblir l'âme nationale et à détruire tout ou partie de la confiance de la nation en elle-même et en son avenir, est le plus grand mal qu'on puisse faire à la Patrie.

Ils ont oublié, ces égarés, que la loi du gouvernant, dans ses relations avec les gouvernés, est soumise au degré du respect qu'il a pour eux. S'il voit en eux des morts prenant la forme de vivants, disant le contraire de ce qu'ils pensent et lui demandant des réformes comme une aumône et non comme un droit, il les traite avec tyrannie et les asservit comme des animaux.

On nous appelle radicaux. Et pourquoi ? Parce que nous réclamons les droits et l'indépendance de l'Egypte. Parce que nous rappelons à l'Angleterre son honneur, ses promesses et la parole donnée. Parce que nous lui disons, d'une voix juste et avec notre forte conviction, que l'avenir garantit à l'Egypte son indépendance et qu'il est plus profitable à l'Angleterre de ne pas résister aux événements et de ne pas chercher à tuer une nation que Dieu a créée pour la vie et l'action.

Radicaux ! Parce que nous déclarons notre pleine confiance dans l'avenir de notre pays. Parce que nous disons le matin et le soir à cette nation : aujourd'hui la misère, demain la fortune ; aujourd'hui l'esclavage, demain la gloire ; aujourd'hui l'occupation, demain l'indépendance ; aujourd'hui la peine et le malheur, demain le bonheur et la félicité.

Radicaux ! Parce que nous disons à cette nation : Agissez et conservez le calme et la tranquillité. Eloignez-vous des troubles. Ils ne peuvent que servir l'ennemi et ils sont néfastes à la Patrie. Eloignez-vous des divisions : elles sont la cause de la ruine et de tous les désastres. Eloignez-vous des haines religieuses : elles sont la calamité des calamités et la source de tous les malheurs. Ne faites rien qui soit de nature à vous faire soupçonner par le monde civilisé. Les peuples sont solidaires dans la civilisation, et malheur à celui qui marche contre elle.

Radicaux ! Parce que nous disons à la nation : Instruisez-vous autant que possible, armez-vous des armes de la science, remplissez la vallée du Nil de cette lumière bienfaisante et rendez au pauvre sa part d'instruction.

Radicaux ! Parce que nous répondons aux accusations de l'ennemi, que nous prouvons au monde entier que nous sommes des civilisés, que le fanatisme n'existe point parmi nous, et que l'islamisme est un facteur puissant pour le développement du progrès et de la civilisation.

Radicaux ! Parce que nous avons protesté vivement contre les horreurs de Denchawaï, et résisté à la politique anglaise dans ses prétentions, armés que nous sommes par le droit et la franchise et soutenus par l'audace.

Radicaux ! Parce que nous montrons aux autres peuples, l'Egypte vivante, forte, se relevant, visant à de nobles buts, lière, n'acceptant pas l'humiliation et ne connaissant nullement le mensonge et le flatterie.

Radicaux ! parce que nous ne demandons pas de conquérir les terrains d'autrui et d'asservir un autre peuple, mais que nous nous contentons de demander l'indépendance de notre patrie.

Si on nous appelle radicaux, parce que nous avons fait tont cela, et que c'est là notre attitude, que le radicalisme soit le bienvenu et affichons notre fierté d'être appelés radicaux.

Qui parmi nous ne se sentirait pas alors honoré d'être radical, et qui parmi vous ne voudrait pas voir tous les Egyptiens radicaux ?

Et la modération ne serait-elle pas dans ce cas la peur, la lâcheté, le mensonge et l'emploi de deux attitudes, de deux politiques et de deux langages?

Qui voudrait pour son peuple une pareille modération, qui n'est que la plus triste humiliation et la mort indigne appelant le mépris de toutes les nations?

On nous appelle, nous, radicaux, parce que nous demandons l'indépendance de notre patrie par les moyens les plus nobles et que nous ne voulons empiéter sur les droits de personne, alors que les Anglais ne se sont point contentés de l'indépendance de leur patrie. Ils ont asservi les peuples, se sont étendus par la colonisation, ont possédé les mers et la plupart d'entre eux continuent à dire : Conquérons, conquérons toujours !

Seraient-ils appelés, eux, des sages et des organisateurs, parce qu'ils sont Anglais, alors qu'on nous appelle, nous, des radicaux!

Le patriotisme qui plaît là bas et qui porte à l'admiration est-il de nature à peiner et à déplaire ici ?

L'Egypte est-elle moins belle que l'Angleterre, pour que l'amour des Egyptiens pour leur pays soit limité, alors que l'amour des Anglais pour l'Angleterre n'a point de limites?

Non ! mille fois non ! L'Egypte est digne d'être aimée de toutes les forces, de tous les sentiments, de toutes les âmes, de toutes les vies.

Rien d'étonnant à l'ébahissement de celui qui ne connaît pas cet amour devant ceux qui le connaissent.

Rien d'étonnant à l'ahurissement de celui qui ne souffre pas des souffrances de son pays, devant ceux qui sentent et qui souffrent.

Rien d'étonnant à ce que ceux qui ont des cœurs de pierre

considèrent le patriotisme de ceux qui sont nés avec des cœurs humains comme une pure folie.

Ils sont bien à plaindre. ceux qui sont pauvres en patriotisme. Dans notre malheur. nous sommes plus heureux qu'eux. malgré tous les biens matériels qu'ils peuvent avoir. Nos cœurs sont pleins de l'amour de la patrie et l'amour de la patrie n'est que la vie débordante, le bonheur réel. l'honneur suprême et la gloire. toute la gloire.

Les ennemis du patriotisme

MESSIEURS.

Vous n'ignorez pas que le mouvement national Egyptien a effrayé les impérialistes anglais. Par Denchawaï, par l'augmentation de l'armée d'occupation, et par l'accusation de fanatisme religieux. ils lui ont fait la guerre. Mais ils ont piteusement échoué et l'univers entier a ri de leur tactique. Aujourd'hui. ils nous attaquent par les traîtres et les intrigants. après avoir compté longtemps et inutilement sur les intrus.

Ils échoueront aussi dans cette nouvelle politique. Ils ont beau créer des armées. des ennemis du mouvement national égyptien. ce mouvement s'élèvera devant eux toujours plus fort. toujours plus résistant, toujours plus audacieux.

Qu'ils bouleversent le système de l'instruction tant qu'ils peuvent ! Qu'ils guerroient contre la jeunesse tant qu'ils veulent : les hommes de demain ne seront que des Egyptiens patriotes. pleins d'amour pour leur patrie et désireux de lui donner le maximum de bonheur et de fierté dont jouissent les autres nations.

Qu'ils distribuent l'argent à droite et à gauche. pour acheter les consciences veules et les âmes viles : pour un qu'ils gagneraient. dix sortiraient des rangs des patriotes pour détruire leur œuvre.

Une nation patriote et désireuse d'obtenir son indépendance. ne meurt jamais. Toutes les foudres de la politique ne peuvent empêcher une âme de rester attachée à sa Patrie.

MESSIEURS,

Le patriotisme est un. Il n'y a pas plusieurs patriotismes. L'homme peut se tromper dans bien des questions. Mais s'il y a un sentiment sur lequel il ne puisse se tromper et dans la mani-

festation duquel il ne puisse commettre d'erreur. c'est le sentiment patriotique.

L'homme n'a pas besoin de savoir ni de philosophie ni d'ex
périence. pour répondre à celui qui lui demande :

— « Que pensez vous de l'occupation de votre pays par les
Anglais ?

— « Je pense que l'évacuation est mon vœu le plus cher et
que le devoir le plus sacré pour moi est de travailler à l'obtenir. »

Les peuples les plus ignorants et les plus éloignés des sciences
et de la civilisation, ont ce sentiment. car il est naturel et sans
lui l'homme ne peut pas être un homme.

C'est pourquoi. les peuples ont protesté vivement contre ceux
qui ont condamné ce sentiment à la mort. qui ont déclaré que
la patrie est une chimère. que le drapeau est un morceau d'étof-
fe et qui ont conseillé la grève des soldats. pour le cas où la guerre
éclaterait et où la nation appellerait ses enfants à la défendre.

Regardez la France, cette puissance dont l'histoire est pleine
du patriotisme et dont les enfants ont hérité de leurs pères
l'amour de la patrie et sa défense. à tel degré que ce sentiment
est devenu sacré et que personne ne peut y toucher. Regardez
comme elle est secouée du nord au sud. et comme ses serviteurs dévoués disent à haute voix : Gardez vous. gardez vous de
Hervé et de ses partisans. Ils veulent détruire l'édifice du patriotisme français. c'est à dire l'édifice de l'honneur et de la vie.
La contagion de leurs idées est plus nuisible à la France que
toute armée conquérante.

Si les peuples forts et puissants s'indignent tant contre les
ennemis du patriotisme. combien notre indignation à nous devrait
être terrible. à nous qui avons le plus grand besoin de ce sentiment patriotique. sans lequel aucun droit ne peut être conquis !

Les traîtres osent dire publiquement et sans pudeur. qu'ils
ont accepté l'occupation comme domination et les Anglais comme
maîtres. Ils ont l'audace d'attaquer les patriotes. qui réclament
la restitution de l'honneur et de la dignité de l'Egypte. Ces traîtres méritent votre exécration et votre mépris. Ils sont la honte
vivante. ils travaillent à faire mépriser l'Egypte et les Egyptiens
par les peuples. alors que nous faisons notre possible pour faire
respecter notre pays et nos compatriotes.

Nous n'avons jamais vu ni entendu. et l'histoire ne nous a
jamais dit. qu'il se soit jamais élevé. du sein d'une nation dont
les droits sont méconnus et l'indépendance violée et qui souffre

de la servitude de l'étranger, des gens pour adorer cet étranger et lui dire : « Tu es le maître, tu es le bienfaiteur, fais ce que tu veux ».

Avez vous entendu dire qu'un seul Irlandais ait ainsi parlé? Avez vous appris que le dernier des Polonais ait baissé la tête devant le gouvernant étranger? N'avez vous pas vu que les petits Polonais ont étonné le monde par leur patriotisme?

Ils se trompent grandement, s'ils croient que les Anglais aiment les traîtres. Ils s'en servent pour arriver à leurs fins, mais ils les méprisent profondément. Un peuple qui voit ses enfants grandir, avec l'idée qu'il appartient à leur race de dominer la terre, ne peut considérer la trahison que comme le crime des crimes et le forfait pour lequel toute punition est insuffisante.

Que serait devenue la grandeur de l'Angleterre et sa puissance, si elle possédait des traîtres comme ceux que nous voyons en Egypte? Aurait-elle dominé les nations et acquis ce degré de prospérité et de gloire?

Jamais! Elle aurait été divisée, déchirée, et elle serait devenue le jouet de l'étranger qui l'aurait conduite à sa guise.

Il n'y a point de salut pour une nation et pour un peuple en dehors de la conviction patriotique. Les peuples ne peuvent acquérir cette force du patriotisme que s'ils se montrent très sévères pour ceux qui se jouent du sentiment national, en leur infligeant les punitions les plus dures.

J'ai entendu quelques uns dire que je suis bien sévère pour ceux qui n'accomplissent pas le devoir patriotique et qui ne servent pas l'intérêt du pays. Je réponds à cette critique en affirmant que s'il est permis de faire des concessions dans certaines questions et dans des circonstances spéciales, toute concession dans le domaine du patriotisme est une condamnation de ce noble sentiment. Celui qui cède le droit de son pays, ne fût-ce qu'une fois, reste toute sa vie une conscience ébranlée et une âme malade.

Le sentiment national ne peut vivre et se développer dans une nation que si ceux qui ne le respectent pas et ne le servent pas sont durement traités et mis au ban de la société.

La politique du mensonge

Quelque uns disent ces jours-ci que le mot de l'indépendance blesse les Anglais et qu'il a été conseillé aux Egyptiens par quelques partisans de l'Egypte en Angleterre, de se contenter de demander des réformes et de laisser de côté la question de l'évacuation et de l'indépendance au moins pour quelque temps. Ces Messieurs travaillent à propager leur idée et vont jusqu'à attaquer ceux qui demandent l'indépendance, en les appelant des radicaux.

Je tiens à exprimer aujourd'hui devant la nation entière mon opinion sur cette politique que ses partisans considèrent comme la plus grande habileté.

Les libéraux anglais et l'Egypte

Personne ne peut demander aux Egyptiens d'appliquer les idées des Anglais qui s'occupent de la question égyptienne en Angleterre. Les Anglais servent l'Angleterre, rien que l'Angleterre. Ils veulent que la politique de leur pays soit une politique de douceur et d'habileté, au lieu d'être une politique d'arbitraire et d'entêtement. S'ils sont d'accord avec nous sur certaines questions, ils peuvent être en désaccord sur les choses principales. C'est pourquoi quelques uns parmi eux voient avec mécontentement le mouvement national qui vise à l'indépendance.

Nous sommes des spoliés et les Anglais sont des spoliateurs. Nous demandons un droit sacré, et les Anglais sont les usurpateurs de ce droit. L'entente entre eux et nous n'est possible que s'ils reconnaissent notre droit.

Ceux qui conseillent une entente entre les Egyptiens et les Anglais qui aurait pour base le sacrifice de l'honneur britannique et de l'indépendance de l'Egypte, — c'est-à-dire la trahison par les Egyptiens de leur patrie et la trahison par les Anglais de leur honneur et de leur parole donnée, — insultent en réalité gravement les deux peuples et demandent une entente impossible. Quel respect pourrait-on avoir pour un pacte qui aurait pour base une trahison manifeste ?

Nous remercions tout homme qui se montre juste envers l'Egypte et qui reconnaît tout ou partie de ses droits. Mais nous ne pouvons être enchaînés par l'opinion de personne, ni influencés par une politique quelconque. Noue devons rester toujours les serviteurs de la bonne conviction, de la conviction patriotique.

Si les libéraux anglais qui se rangent du côté de l'Egypte dans certaines questions disent que la réclamation de l'indépendance blesse leur nation, et nous conseillent d'y renoncer, il est du devoir de chaque Egyptien de leur répondre :

"Vous avez votre foi et nous avons la nôtre."

Le mal fondé de la politique du mensonge

Les partisans de la politique du mensonge croient qu'ils sont des habiles très forts et des diplomates expérimentés, c'est pour quoi ils veulent induire en erreur l'empire britannique, et le vaincre par la force de l'habileté. Ils disent : « Laissons de côté la demande de l'indépendance ; et réclamons aux Anglais des réformes intérieures, comme la constitution d'un parlement et la propagation de l'instruction. Le jour où nous serons les maîtres dans le pays, nous dirons aux Anglais : Evacuez-le, et ils ne pourront qu'obéir. »

Je reconnais que je ne suis pas de ces diplomates habiles pour préparer un pareil plan. Je déclare que je n'ai jamais pensé un seul instant battre la politique anglaise par une habileté pareille. Malgré une haine sincère de l'occupation, je ne vois pas les Anglais transformés subitement et avec la rapidité de l'éclair en petits enfants, pour accepter une pareille supercherie.

C'est absurde de croire que les Anglais comptent rester en Egypte et acceptent en même temps d'accorder aux Egyptiens un gouvernement constitutionnel. Si cela pouvait se faire, leur présence dans ce pays serait nulle et ils ne feraient que s'y amuser, le jour où un parlement puissant ayant pleins pouvoirs serait établi.

Accorder aux Egyptiens un vrai parlement. — et non pas un faux parlement, qui serait une moquerie et un trompe l'œil, — c'est dépouiller l'occupation de toute autorité. L'agent britannique ne pourrait alors garder un homme comme Dunlop dans le Ministère de l'Instruction Publique malgré l'indignation de toute la nation contre lui : il ne pourrait pas non plus nommer un M. Hill à l'école de Droit, alors que les juristes capables parmi les Egyptiens se comptent par dizaines, sinon par centaines. Il lui serait impossible de demander 400.000 livres pour bâtir des casernes à l'armée britannique, alors que le pays traverse une crise terrible et qu'il a grand besoin d'argent. Il ne trouverait pas moyen de consacrer au Soudan ces fortes sommes dont l'Egypte a un réel besoin. Il n'aurait aucun moyen de défigurer le gouvernement national, de donner partout l'influence aux Anglais, de déclarer la guerre à la nation et de lui prendre tous ses droits.

L'Angleterre aiderait, par contre, de toutes ses forces à l'établissement d'un gouvernement constitutionnel dans ce pays, le jour où elle serait décidée à évacuer l'Egypte. C'est pourquoi j'ai toujours demandé en même temps le Parlement et l'indépendance.

Le système proclamé par le gouvernement anglais, quand il a occupé ce pays, consiste à rendre les Egyptiens capables de se gouverner eux-même, à instituer la constitution parmi eux, et à quitter le pays; ce système est solidaire dans toutes ces parties, et il est impossible d'exécuter un de ses principes sans exécuter les deux autres. La préparation des Egyptiens à se gouverner eux-mêmes les rend naturellement forts, et possédant des sentiments patriotiques élevés, c'est-à-dire incapables d'accepter le gouvernement de l'étranger. L'établissement d'un parlement parmi eux leur donnerait toute l'autorité et laisserait les Anglais impuissants à côté d'eux.

C'est pourquoi j'ai déclaré vicieux le mal fondé de la politique du mensonge et le grand mal qu'elle est destinée à faire à l'Egypte et aux Egyptiens. Elle est, en effet, de nature à amener un groupe du peuple égyptien à accepter l'occupation, et à montrer ce groupe dans un état de faiblesse extrême, sans aucun profit pour le pays. Ajoutons à cela que cette politique vise à tuer le sentiment national, puisqu'elle veut éloigner les Egyptiens de l'idéal de l'indépendance.

Notre politique

J'entends les critiques dire : « Quel avantage a-t-elle, votre politique, sur la leur et quels sont ses fruits? » Je réponds que notre politique est celle de la franchise, de la proclamation de ce qui est juste et de l'appel à l'indépendance. Elle est la seule qui conduise aux beaux résultats. La franchise et la proclamation de ce qui est juste sont deux vertus qui obligent les gouvernants à respecter les gouvernés. L'Anglais ne doute pas que tous les Egyptiens désirent du fond du cœur l'indépendance ; s'il en voit quelques uns lui dire le contraire, se rapprocher de lui et attaquer ceux qui ont une autre attitude que la leur, il reconnait qu'il a à faire à des menteurs, les méprise et accuse la nation de ne pas être mûre pour l'indépendance.

Gambetta a dit justement: « Pour se faire aimer des Anglais, il faut s'en faire respecter ».

Les Anglais eux-mêmes ont besoin d'entendre la dure vérité : si en apparence elle les ennuie et les blesse, elle leur est, au fond, plus utile que les intrigues des intrigants et le mensonge des menteurs.

N'est-ce pas que ce sont ces intrigants qui ont donné à lord Cromer de fausses convictions sur la nation égyptienne, qui l'ont poussé à l'attaquer par la parole et par les actes et à creuser de ses propres mains un abîme entre lui et elle par l'horrible affaire de Denchawaï et les insultes qu'il a adressées à la Patrie et à la religion. Il a quitté l'Egypte, et tous les cœurs et toutes les langues l'ont accompagné de l'indignation la plus forte.

Quel est l'Anglais qui voudrait que le règne de son pays en Egypte soit toujours un règne cromériste ? Ne reconnaitrait-il pas avec nous, dans sa conscience, sinon par son aveu, que la franchise et la vérité sont la meilleure base pour la plus noble des politiques.

L'indépendance et comment la conquérir

Ceux qui nous demandent de ne pas réclamer l'indépendance veulent tuer l'âme nationale en Egypte, c'est-à-dire enterrer la nation égyptienne elle-même. Car la vie de cette nation et son avenir dépendent du degré de la force du sentiment patriotique.

Quelques uns se demandent comment il serait possible de reconquérir l'indépendance. L'histoire des peuples humains leur indique le moyen de la reconquérir.

Ce moyen consiste à créer et à fortifier le sentiment national, le courage et l'audace, à rehausser le niveau de la nation, à lui apprendre l'amour de la gloire et le désir d'entrer en concurrence avec les nations avancées et à laisser toujours l'indépendance comme l'idéal suprême vers lequel elle marche.

Ces sentiments gagnent chaque Egyptien, c'est l'ouverture

partout d'écoles scientifiques, industrielles, et commerciales, c'est la manifestation éclatante en tout et partout de l'énergie et de l'union ; c'est l'accord complet parmi les membres de la nation dans le but qu'ils poursuivent ; c'est l'augmentation du patrimoine national dans le domaine de l'argent, de la science, du patriotisme et de l'entente ; c'est la condamnation de tous les facteurs de division et de querelle. Ce jour là, la nation sera effectivement une des plus fortes. L'Angleterre elle-même sera obligée de s'entendre avec elle sur la question de l'évacuation et de l'indépendance, trouvant son intérêt à avoir son amitié plutôt que sa haine. Car un peuple qui atteint ce degré de force ne manque pas d'exploiter les évènements, qui ne sont point dirigés par une puissance quelconque, ni par le désir de personne, — et d'acquérir son indépendance malgré toutes les oppositions.

L'appel à l'indépendance et le développement du sentiment national, sont donc les deux moyens par lesquels les vœux de la nation égyptienne seront réalisés. Que les Egyptiens se convainquent de cette vérité que le salut de l'Egypte dépend de nous, dépend de nos efforts, et que notre progrès ne peut être que le fruit de nos énergies.

Demandons donc le relèvement de nous mêmes, et travaillons pour l'acquérir par l'énergie, la vérité et l'union

Quelques uns disent que la proclamation du patriotisme n'est que de la parole vaine. Ils ont oublié, ces gens là, que les plus grandes actions humaines et les plus sublimes efforts consistent à faire entrer dans les âmes des convictions nouvelles. Car la foi transporte les montagnes.

Faire entrer le sentiment national dans les âmes égyptiennes, pour réunir la nation autour de la Patrie, et réclamer sa grandeur et son indépendance, est la plus grande des actions. Celui qui contredirait cette vérité ne ferait que nier les religions et leurs effets, l'histoire et ses jugements, et les facteurs agissants dans toutes les nations.

Le monde et l'Egypte

Messieurs,

Tous les Egyptiens ont su que le monde a changé de jugement sur eux, et qu'il les considère actuellement comme un peuple vivant et sage, alors qu'il les jugeait autrefois autrement. Et

pourquoi ? Parce qu'il a su qu'ils aiment leur Patrie, qu'ils désirent son bien et son indépendance, et que le mouvement national égyptien se développe constamment.

Que nos insulteurs nous répondent : Est-ce que ce mouvement aurait jamais acquis sa situation actuelle, s'il n'était pas
dirigé avec une force et une franchise qui ne fait grâce à personne. Celui dont le bien est spolié n'a-t-il pas le droit d'élever la
voix au même degré que son spoliateur, sinon plus !

Quel reproche peut on nous adresser? Nous avons toujours
dans nos paroles dans nos écrits et dans nos actes parlé avec
dignité et respect de la nation anglaise. Les impérialistes Anglais
ont-ils agi de même ?

Non, mille fois non ! Ils nous ont insultés atrocement et ont
lancé contre nous de fausses accusations. Un des chefs de leur
politique, lord Cromer, a trouvé convenable à sa politesse et
à son expérience de ne pas quitter l'Egypte sans insulter tous
ses habitants, en les appelant aveugles et en les condamnant à
la servitude éternelle.

Y a t-il un seul Egyptien qui ait osé insulter la nation anglaise ? Y en a t-il un seul qui ait oublié la politesse, le tact et la
grandeur de la cause que nous défendons et imité lord Cromer
dans sa parole ?

Il est indéniable que l'ennemi lui même répond négative
ment dans sa conscience et reconnait que ceux qui réclament
l'indépendance de l'Egypte ont poursuivi leur chemin avec un
zèle et une sagesse égaux.

L'opposition nationale et le gouvernement anglais

Messieurs,

Le gouvernement anglais, qui se déclare fier dans son pays de
la discussion et de la recherche de la vérité, se déclarerait im-
puissant en Egypte, s'il imitait ceux que le mouvement national a
effrayés et qui regrettent amèrement l'existence dans ce pays
d'hommes qui disent la vérité ouvertement et qui ne craignent
personne. Car le gouvernement fort voit sa force augmenter par
l'opposition même de ceux qui comptent ses fautes, qui lui montrent ses défauts et qui l'attaquent dans ses faiblesses. Si cela est
juste pour le gouvernement fort, que dire alors de l'autorité d'un

seul individu, de l'autorité de l'étranger, ignorant de notre carac-
tère, de nos penchants, de nos vœux et de nos désirs?

Cette autorité n'a-t-elle pas p'us besoin que les autres d'une
force d'opposition qui se lève devant elle comme un adversaire
décidé, ne cédant jamais un droit, ne taisant jamais une faute et
ne pardonnant jamais une gaffe : une opposition qui dit ce qu'elle croit et critique les affaires publiques avec franchise et sûreté ?

Un gouvernement comme celui d'Egypte, encore loin, dans
son organisation, de l'idéal des Egyptiens, doit plus que tout
autre gouvernement, écouter les voix de ses adversaires et exa-
miner leurs critiques avec intérêt et non pas avec entêtement et
haine. Il s'agit, en effet, de savoir et non pas de se quereller et
de s'entêter.

Quelques journaux disent que le gouvernement ne peut pas
prendre telle décision utile ou exécuter tel projet bienfaisant
parce que les opposants ou les radicaux ou les enflammés ou les
ennemis de l'Angleterre en Egypte ont demandé cette décision
et ce projet ; et par là ils affirment que la situation est arrivée
aujourd'hui à être un état de lutte et d'entêtement d'un adversaire contre un autre.

Une pareille parole est la plus grave insulte qu'on puisse adresser
aux gouvernants.

Le gouvernement, qui veut le bien de ses sujets, est celui qui
cherche partout la vérité et qui marche dans le droit chemin,
même si c'est un adversaire qui le lui montre. Sa force augmente
aux yeux de ses sujets, s'il accepte l'opinion de son adversaire
quand elle est juste. Il prouve par là qu'il est un gouvernement
de bien et de sagesse, et non pas un gouvernement de légèreté
et de passion.

Mais si le public se convainc que le gouvernement ne fait que
ce qu'il veut, et qu'il néglige toute voix disant la vérité tant
qu'elle n'émane pas d'un de ses flatteurs, son prestige et la confiance que le peuple avait en lui tombent immédiatement alors. Un
pareil gouvernement cherche volontairement à se mettre mal
avec les gouvernés.

Que signifie la fierté qu'ont les Anglais de la liberté de la parole et de la plume en Egypte, si cette liberté ne profite point au
gouvernement, et s'ils n'arrivent pas à le corriger. Le but de
cette liberté serait-il donc de permettre seulement aux Egyptiens
de pleurer leur indépendance et de blasphémer ceux qui l'ont violée?

Une liberté qui ne donne pas à la nation un droit dans l'administration des affaires de son pays, et qui n'accorde pas à ceux qui parlent au nom du peuple une puissance morale auprès des gouvernants, est une liberté étrangère à celle dont jouissent les peuples civilisés et une véritable injure à la nation, présentée sous forme de bienfait.

Les méfaits des occupants et leur mauvais régime.

Que nous demandent les Anglais? Veulent ils que nous appelions leurs méfaits des bienfaits et que nous applaudissions à la perte de nos droits et à la domination qu'ils exercent sur notre pays et à notre dépouillement de toute autorité et de toute influence? Seraient-ils heureux d'une pareille situation si leur pays était occupé par une puissance étrangère?

L'accord du Soudan

Qui, parmi les Egyptiens, peut se rappeler l'accord du Soudan et remercier les occupants ? Comment les remercier, eux qui ont obligé un gouvernement qui est dans leurs mains, à signer cet acte alors qu'il est contraire aux firmans impériaux et nul au point de vue juridique?

Qui pourrait louer cette politique, la politique de la force et de l'arbitraire, qui a nié effectivement les droits de l'Egypte au Soudan après que nous l'avons arrosé de notre sang et après que nous y avons dépensé des sommes colossales ?

Où est la Justice ?

Quel Egyptien pourrait louer des gens qui ne connaissent la justice, l'équité, l'égalité et les grands mots au grand sens, que quand il s'agit de l'Egyptien ? Mais quand il s'agit de l'Anglais, point de justice, point d'équité, point d'égalité !

N'est pas l'agence britannique qui a soulevé le monde, le jour où un Arménien est allé prétendre devant elle que son frère était prisonnier au palais de Ras-El-Tine, et qu'on le torturait injustement? N'est-ce pas elle, qui a choisi M. Chapman pour faire une enquête et visiter tout le palais, c'est à dire accomplir un acte dont le pareil n'a jamais eu lieu dans aucun autre gouvernement?

N'a-t-elle pas dit alors, dans les journaux au service de sa politique, que cet acte était la plus belle manifestation de la justice, et que les Égyptiens doivent chanter jour et nuit des louanges aux occupants ?

Où est cette énergie maintenant ? Où est cette volonté supérieure, affirmant la justice, et ne distinguant point entre le petit et le grand.

Comment les sentiments de civilisation, d'humanité, d'équité et d'égalité se sont-ils tus d'un seul coup dans les cœurs de Messieurs les Anglais, quand un des plus grands savants français a lancé contre M. Dunlop des accusations horribles qu'il est impossible à un homme noble et fier d'accepter.

Où est cette haute manifestation de la justice, Messieurs les occupants ? où sont-ils les enfants de la nation qui considèrent une de ces grandes fiertés nationales, la punition de tout criminel ? où se sont ils donc cachés ? où sont-ils enfin pour entendre la vérité indiscutable et pour que nous leur disions hautement que le fait de ne pas juger M. Dunlop après les scandales soulevés par M. Lambert, est une grande honte pour l'occupation et les occupants ?

Quelques uns disent que si les Anglais gardent le silence devant ces accusations formelles, c'est qu'ils ne veulent pas satisfaire l'opinion publique ou paraître faibles devant elle.

C'est une excuse pour rire, et une politique que le gouvernement de Behanzin lui même aurait refusé de faire sienne ! Les gouvernants anglais croient-ils, par hasard, que l'éloignement de Dunlop de l'Instruction Publique est plus nuisible que sa présence ?

Nous avons cru jusqu'à maintenant que ces gouvernants étaient plus intelligents et plus habiles que cela. Comment ont-ils oublié que la présence de Dunlop est une tare pour l'occupation et que si nous voulions ridiculiser le régime britannique en Égypte, nous n'aurions demandé que de laisser Dunlop là où il est ? Sa présence à l'Instruction Publique n'est-elle pas la meilleure preuve que nous puissions donner à la nation, que le temps est venu pour elle de faire déserter les écoles du gouvernement par ses enfants et de fonder elle-même des écoles suffisantes pour acquérir l'indépendance scientifique et littéraire et en finir avec les menées et les démarches de Dunlop ?

Si le professseur Lambert affirme que la politique de Dunlop a poussé les étudiants en Droit dans les premiers rangs de l'opposition, comment les Anglais ne comprennent-ils pas que si nous n'avions d'autre but que de réunir toutes les forces vives contre eux et que nous ne voulions ni bien ni réformes pour notre pays, nous aurions été enchantés de voir Dunlop continuer à augmenter le nombre des patriotes égyptiens et à semer la haine des Anglais et de l'occupation dans les cœurs de la jeunesse.

La nation égyptienne regarde aujourd'hui avec intérêt ce que l'agence britannique va faire avec Dunlop. Si elle le laisse à sa place, ceux qui ignoraient ici et dans les autres pays la vérité, apprendront que la justice est une chimère en Egypte, et que les Anglais pardonnent toutes les fautes et tous les méfaits à leurs compatriotes et guettent la moindre bévue des Egyptiens pour les punir.

Si c'est ce résultat que le nouvel agent britannique vise, qu'il agisse dans ce sens. Il détruirait alors le peu d'influence que possède son pays auprès des égarés qui n'ont pas perdu confiance en lui. Et il fortifierait la conviction de ceux qui ne voient aucun bien pour l'Egypte et les Egyptiens dans les intentions et les visées de la Grande Bretagne.

La guerre aux Egyptiens capables

Comment peut on demander aux Egyptiens de croire aux bonnes intentions des occupants, alors que ceux-ci les invitent tous les jours à avoir de la méfiance pour eux ?

Comment les savants, les érudits et les hommes capables parmi les Egyptiens peuvent-ils sincèrement croire que les Anglais veulent le progrès et l'avancement de ce pays, quand M. Dunlop ordonne aux directeurs des écoles supérieures d'attaquer la capacité des Egyptiens qui demandent des fonctions dans l'enseignement?

Si nous laissons de côté M. Dunlop pour monter jusqu'à son chef supérieur, l'agent de l'Angleterre en Egypte, quelles intentions trouvons nous chez lui? Nous trouvons que sir Eldon Gorst a nommé M. Hill directeur de l'école de Droit, en se moquant de tous les Egyptiens et particulièrement des Egyptiens capables.

N'a-t-il pas dit à tous, par son acte, sinon par sa parole : « Je me moque de vos connaissances, de votre littérature, de vos capacités, de votre expérience et de vos certificats, puisque vous êtes des Egyptiens. Je donne la préférence et l'avancement à un homme qui est moins capable, moins instruit et moins expérimenté que le plus petit de vous tous, parce qu'il est Anglais. »

Est-ce qu'on peut demander aux Egyptiens après cela, de croire aux prétendues bonnes intentions des Anglais ? Y-a-t-il une haine plus manifeste d'hommes contre d'autres hommes que celle-là ? est-il digne de l'honneur d'une grande puissance comme l'empire britannique de faire la guerre aux Egyptiens par ces petitesses, alors qu'elle a juré devant le monde entier, que son vœu le plus cher était de préparer les Egyptiens à se gouverner eux-mêmes ?

Quand pourront-ils le faire tant que la règle suivie par la politique anglaise en Egypte sera de dépouiller les Egyptiens de toute autorité, de les éloigner de toute fonction où on peut agir et de s'appuyer sur les faibles et les intrigants pour représenter indignement l'Egypte dans les postes qu'ils occupent.

Denchawaï

Sir Edward Grey a dit hautement à la Chambre des Communes que lord Cromer n'a pas traité les Egyptiens en peuple inférieur. Qu'aurait-il voulu que le lord fît pour reconnaître qu'il les a ainsi traités ?

Denchawaï seul ne suffit-il pas à prouver pendant des siècles et des siècles que les Anglais ont impitoyablement infligé aux Egyptiens une humiliation à jamais inoubliable, humiliation sur laquelle deux hommes impartiaux ne peuvent pas porter des jugements différents ?

Les diplomates anglais déclarent que le jugement de Denchawaï est un jugement politique qui avait pour but de donner une leçon à la nation. Quand la foule demande la grâce des condamnés de Denchawaï, ces diplomates répondent : « Vous ne demandez cette grâce que pour la considérer comme un triomphe sur la politique anglaise ».

Est-ce là la justice que nous octroie la civilisation britannique ? Est-ce là l'équité que la Grande Bretagne est venue nous apprendre ?

Est-ce parce que la nation n'était pas avec les Anglais dans l'affaire d'Akabah, que les gens de Denchawaï sont punis si sévèrement ? Le gouvernement qui fait un pareil mélange entre la politique et la justice en punissant l'innocent et récompensant le criminel, est-il digne d'être loué ? Comment peut-il s'étonner de voir l'opposition s'élever contre lui et le critiquer avec énergie?

Si nous avions pour but de perpétuer la division, le désaccord et la lutte, nous aurions demandé que les condamnés de Denchawaï restent dans leurs prisons pendant de longues années. Car toute année qui passe sans que leur situation change, fait renouveler les douleurs de la nation et amène Denchawaï sur toutes les bouches. C'est ainsi que la politique d'entêtement ne donne toujours que des résultats contraires au but poursuivi.

Ce n'est pas avec une telle politique qu'on peut gouverner les hommes et ce n'est pas par la tyrannie qu'on gère leurs affaires.

Si les Anglais ignorent l'état des Egyptiens et ce qu'ils pensent, qu'ils sachent qu'il y a dans cette nation des hommes instruits et sages qui sont les égaux des meilleurs Anglais, qui défendent avec tout leur zèle, le droit et la justice et qui n'admettent pas que le gouvernement du pays soit un gouvernement de passion. Ces hommes sont la force intellectuelle et pensante que tout gouvernement respecte et devant l'autorité de laquelle il s'incline dans les situations difficiles.

Nous plaçons la justice et la clémence au-dessus de la politique. Et c'est pourquoi nous avons demandé et nous demandons encore à haute voix la grâce des condamnés de Denchawaï. Nous disons franchement qu'une politique intelligente travaillerait à adoucir les plaies de Denchawaï au lieu de les aggraver sous prétexte que ceux qui demandent la grâce ne sont pas des partisans de l'occupation.

Lisez, Messieurs les Anglais, l'histoire musulmane, et étudiez la vie et les actes de ce grand Khalife qui cherchait la vérité partout et qui s'inclinait devant ce qui est juste même si celui qui le disait était le plus misérable des hommes.

Les Anglais qui prétendent que leur civilisation est supérieure à toute autre civilisation, devraient se rappeler que les hommes de la civilisation musulmane ne disaient pas : « La politique avant la justice » ; mais disaient et prouvaient leurs paroles par des milliers d'actes : « La Justice au dessus de tout. »

La richesse et la crise

Messieurs.

Les Anglais se donnaient toujours devant nous, comme un titre de gloire, la richesse du pays, jusqu'au jour où la dernière crise est arrivée : alors cette voix a baissé après nous avoir fatigué bien des années.

Que valent la fortune et la richesse, à côté de la liberté personnelle de la liberté publique, de la supériorité de l'Egyptien dans son gouvernement et de son indépendance dans sa Patrie ? Et quel est l'Egyptien qui ne préférerait pas être le plus pauvre de tous avec un gouvernement juste, plutôt que d'être le plus riche et le plus fortuné avec la menace des punitions de Denchawaï.

S'il est admis par tous que la plus-value des terrains de culture dépend du prix du coton, et que les prix sont soumis à la demande et aux besoins du monde, à l'insuffisance de la récolte américaine et à la spéculation, quelle est donc l'œuvre des Anglais dans cette richesse ?

Il est indéniable que de nombreuses réformes ont été accomplies dans l'irrigation et que les travaux et les plans faits sous les anciens Khédives ont avancé dans le temps actuel. Mais cette réforme dans les irrigations n'est pas un fait spécial au régime britannique. N'était elle pas, d'ailleurs, de l'intérêt des Anglais plus que du nôtre ? N'était-il pas, en effet, dans l'intérêt des Anglais de satisfaire les créanciers de l'Egypte, de conquérir le Soudan et de l'organiser avec l'argent de l'Egypte ?

Quel est celui qui pourrait maintenant nier que la crise financière actuelle est due à l'anarchie de la Bourse et au nombre extravagant des sociétés qui sont venues au monde grâce aux restrictions faites dans la loi égyptienne pour les parts de fondateurs, restrictions qui avaient pour but de pousser toutes les sociétés à se fonder d'après la loi anglaise ?

Quel est celui qui pourrait nier que les Anglais pouvaient demander aux puissances la confection d'une loi pour la Bourse et lier les courtiers et les sociétés par des liens garantissant l'intérêt du pays.

Quelle anarchie dans les finances égyptiennes plus grande que celle décrite par l'ancien conseiller financier lui-même, qui a avoué que l'Egypte a perdu 70.000 livres sur chaque million dans les actions du Transvaal et du Consolidé anglais qu'elle a achetées ?

Toutes ces choses seraient-elles arrivées si le pays possédait un parlement, contrôlant les actes du gouvernement et si ce gouvernement était composé d'éléments nationaux ne subissant nullement l'autorité de l'étranger ? Et qui pourrait célébrer dorénavant les mérites de la réforme financière britannique en Egypte ?

Quand on se montre fier de l'augmentation de la richesse et du perfectionnement des finances de l'Etat, on doit d'abord citer les bienfaits que le pays a ressentis de cette augmentation de fortune et de ce perfectionnement.

Les Anglais peuvent-ils prétendre avoir avancé les fellahs (les gens aux robes bleues) et répandu les lumières de la science parmi eux ? N'ont-ils pas fermé devant eux les portes des écoles en leur disant : « Nous avons condamné vos enfants à rester pauvres et misérables et à ne jamais s'armer des armes de la science.

Le régime britannique peut-il compter parmi ces titres de gloire de consacrer depuis cette année seulement à la gratuité dans les écoles 1600 livres quand le budget du gouvernement a atteint 15 millions de livres, alors que l'instruction était gratuite dans toutes les écoles du gouvernement quand le budget de l'Etat ne dépassait pas deux millions.

Les Anglais peuvent-ils prétendre qu'ils ont amélioré la situation sanitaire dans le pays, changé la vie des habitants et que la ville du Caire soit devenue propre et ne permettant dans aucune saison de l'année la critique de personne ? Peuvent-ils prétendre qu'ils ont protégé les enfants contre les différents fléaux qui les tuent par centaines et milliers ?

Quelle utilité peut donc avoir l'argent qu'on ramasse et l'or qui remplit les caisses, si des murs sont élevés entre les pauvres et la science, si la situation sanitaire est aussi mauvaise que possible, si la justice est ébranlée dans ses bases mêmes, si l'Egyptien ne possède dans son pays aucune influence et ne peut point faire entendre sa voix, et si la sécurité publique est dans un état anarchique.

La sécurité publique

L'amour d'enlever aux Egyptiens toute autorité a amené les Anglais à détruire positivement l'administration égyptienne en remplaçant le pouvoir du moudir par celui de l'inspecteur. Les brigands et les assassins ne craignent plus le gouvernement parce que sa force réelle a disparu devant eux et tout le monde est ébahi des nouvelles d'assassinats et de meurtres qui nous arrivent tous les jours.

Les Anglais ont bouleversé la législation du pays d'une façon étrange. Ils changent avec une rapidité étonnante les lois et les principes juridiques comme s'il s'agissait d'un règlement de police et non pas de lois fondamentales qui gèrent les affaires d'un grand peuple.

Ils viennent aujourd'hui de décréter la déportation administrative de tous les malfaiteurs, ce qui a indigné la nation tout entière et montré l'é hec de leur action en Egypte.

C'est un défaut capital dans la direction du gouvernement égyptien. Tout pays qui se voit privé d'une force législative réelle est un pays dominé par la politique des passions.

Le gouvernement national

C'est pourquoi nous avons dit que les Egyptiens ne se contenteront point des réformes superficielles qui seraient de véritables trompe-l'œil. Les Egyptiens ne seront tranquilles pour eux mêmes et pour leur pays que s'ils retrouvent leur gouvernement national avec tout son prestige et toute sa puissance, et que si ce gouvernement est constitutionnel, soumis aux principes de la civilisation moderne, tirant sa force de la nation, exécutant ses volontés et obéissant à ses ordres.

Si quelques Anglais trouvent ce qui a été fait en Egypte pendant les 25 dernières années suffisant pour honorer la Grande Bretagne et digne de sa civilisation et de ce qu'on attend d'elle, nous croyons, nous, que l'Angleterre peut faire mieux et qu'elle peut respecter son honneur, ses promesses, son histoire et ses traditions par une autre politique que celle qu'elle a suivie jusqu'à maintenant.

Les Anglais qui souffrent de nous voir demander le respect des engagements de la reine Victoria et de ses grands ministres, oublient que le manquement à ces engagements et à ces promesses est en vérité plus blessant pour eux que toute critique qu'on leur adresse. En les invitant à appl'quer une politique de justice et de civilisation. nous les invitons à ce qui convient à leur d'gnité. à leur honneur et à la grandeur de leur empire.

Comment soutenir le contraire, quand il est facile de constater que les injures et les insultes ne peuvent toucher l'honneur britannique le dixième du dixième de ce que l'atteindrait le jugement prononcé contre lui par le monde civilisé. en constatant que les Anglais font la guerre aux patriotes égyptiens, parce que ces patriotes demandent l'application des principes civilisés. la propagation de l'instruction. l'établissement de la constitution à la place de l'arbitraire et déclarent ne plus accepter le gouvernement d'un seul homme. fût-il Egyptien ou étranger. et que leurs intelligences se sont développées à tel degré qu'ils se considèrent comme faisant partie de la famille des nations civilisées. et qu'ils demandent à être ainsi traités.

C'est pourquoi nous sommes sûrs d'obtenir le succ s tôt ou tard. « Quand on a raison. le succès n'est qu'une question de temps. »

Le programme du parti national

Messieurs,

Le programme du parti national qui travaille depuis plusieurs années à sauver le pays et à le relever. n'est point difficile à comprendre. Nous avons fait de la franchise la base de notre politique. et nous n'avons jamais usé de ruses. d'habileté ou de mystère.

Les fins que nous visons et que nous invitons toute la nation à poursuivre d'accord avec nous. sont les suivantes :

1° — L'autonomie de l'Egypte (ou son indépendance intérieure) telle qu'elle a été établie par le traité de Londres de 1840 et garantie par les firmans impériaux (cette autonomie garantit le trône d'Egypte aux descendants de Mohamed Aly et l'indépendance intérieure du pays. Elle comprend tous les pays donnés à l'Egypte par les firmans impériaux.) Cette autonomie est celle que l'Angleterre a promis officiellement de respecter.

2°. — L'établissement d'un gouvernement constitutionnel. de sorte que l'autorité gouvernante soit responsable devant un parlement possédant toute l'autorité voulue comme les parlements d'Europe.

3°. — Le respect des traités et des conventions financières qui lient le gouvernement égyptien pour le paiement des dettes et l'acceptation d'un contrôle financier comme le condominium anglo-français, tant que l'Egypte reste la débitrice de l'Europe et tant que l'Europe réclame ce contrôle.

4° — La critique franche de toutes les mauvaises actions, la reconnaissance et l'encouragement des bonnes. Et la démonstration au gouvernement des intérêts de la nation, de ses désirs et les réformes dont elle a besoin.

5° — La propagation de l'instruction dans tout le pays sur une base fermement nationale de sorte que les pauvres puissent avoir la plus large part, la guerre aux erreurs et aux stupidités, la propagation des sains principes religieux qui appellent au progrès, et l'incitation des riches et des puissants, à aider à l'instruction en fondant des universités, en envoyant des missions en Europe et en créant des écoles de nuit pour les ouvriers.

6°. — Le développement de l'agriculture, de l'industrie, du commerce et de toutes les branches de la vie sociale, de nature à faire conquérir par la nation l'indépendance scientifique et économique.

7° — L'éclaircissement des esprits des Egyptiens sur la situation actuelle par tous les moyens, et la pénétration de l'esprit national partout, l'invitation à l'entente et à l'union entre les deux éléments de la nation, les musulmans et les coptes, l'indication des devoirs qui incombent à tous envers le pays et l'accomplissement de ces devoirs en assurant la sécurité et la tranquillité dans tous les coins de l'Egypte.

8° — L'encouragement et l'aide de tout projet utile et l'amélioration des conditions sanitaires pour que le nombre des habitants augmentent et par là les forces mêmes de la nation.

9°. — Le développement des liens d'entente et d'amitié entre les Égyptiens et les colons étrangers, l'effacement de tout malentendu et le jugement des criminels étrangers par les tribunaux mixtes.

10°. — Le renforcement de liens d'amitié et d'attachement complet entre l'Egypte et l'empire ottoman, le développement des relations d'amitié et de confiance entre l'Egypte et les puissances d'Europe, la réfutation de toute accusation lancée contre l'Egypte, et l'acquisition à sa cause de partisans dans le monde entier, pour qu'ils soient une force morale supérieure, l'aidant à faire reconnaître par autrui ses droits légitimes, et à vaincre les tentatives faites contre elle pour cacher la vérité.

Les ennemis du mouvement national

Voici, Messieurs, notre programme, voici les vœux que nous voulons réaliser. Y a t il un homme juste et impartial qui puisse dire qu'ils sont contraires à l'intérêt de l'Egypte et des Egyptiens. Non, mais une bande d'écrivains européens résidant dans ce pa s nous a fait une guerre atroce, nous accablant d'insultes indignes d'hommes civilisés et a lan é contre nous des accusations infâmes. Nous serions des criminels si ces accusations avaient une part de vérité.

Certains d'entre nous pourraient se figurer que ces écrivains représentent l'opinion des colons européens. Telle n'est point la vérité. Car je suis convaincu que ces colons européens aiment sincèrement notre pays. leur sont reconnaissants et lui désirent tout le bien possible.

Ils n'oublient pas que l'Egypte leur a donné une large hospitalité et sous son ciel ils ont trouvé le gain et le bien-être qu'ils sont venus chercher.

Les colons européens apprécient la noblesse du patriotisme. car ils sont pleins d'amour pour leur patrie et ne se lassent pas d'en faire à chaque instant la démonstration.

Qui donc de nous oserait croire que ceux là qui ont la fierté de l'indépendance de leur patrie, dont chacun se croit être le drapeau national qui attaqué, ferait soulever toute sa nation, qui donc dis-je croirait que ces patriotes attaqueraient une nation qui lutte pour l'indépendance et la fin de l'occupation.

Je suis fermement convaincu que nous avons de nombreux amis parmi les colons européens et que ces amis deviendront plus nombreux encore quand nous leur aurons prouvé que nous voulons que l'Egypte devienne un membre agissant dans le corps des nations civilisées et que nous voulons l'indépendance pour que notre pays soit un Orient. la source de toute lumière et de toute science.

Nous ne cherchons point à faire la guerre à personne.

Nous considérons au contraire comme un titre de gloire et un

privilège pour l'Egypte qu'elle soit toujours accueillante et bienveillante pour l'étranger qui vient lui demander la vie, ne
craignant jamais la concurrence et manifestant toujours sa joie
du nombre croissant des ouvriers et des artisans.

Le jour viendra où l'étranger trouvera que la nationalité égyptienne n'est pas inférieure aux autres nationalités et l'adoptera.
Les forces de la patrie égyptienne augmenteront par là et il ne
se trouvera plus personne pour dire qu'il est honteux d'être
égyptien.

L'accusation de révolution

Quelles attaques on dirige contre nous !

On a dit que nous voulons créer une révolution religieuse
dans le pays et que c'est de Constantinople que le mot d'ordre nous
aurait été donné. Il faut être ignorant ou malveillant pour employer dans la lutte de pareilles armes.

Comment un esprit sain peut-il admettre que les conducteurs
de l'opinion publique en Egypte détruiraient de leurs propres
mains le reste de l'indépendance nationale et feraient liguer l'Europe contre l'Egypte et les Egyptiens?

N'avons-nous pas dit plusieurs fois que tout trouble en Egypte
ne servirait que les occupants? N'avons-nous pas invité nos compatriotes à agir avec énergie et franchise mais avec calme et en
assurant la sécurité publique?

N'avons nous pas établi comme base de notre politique d'user
de moyens pacifiques et de n'employer que les armes légales.

Qui pourrait soutenir que Constantinople aurait un intérêt
quelconque à faire éclater une révolution en Egypte? Et quel
mobile pousserait à agir ainsi? Serait-ce sa haine pour les
Crétiens alors qu'ils occupent les postes les plus éminents de
l'Empire ? Et quelle situation aurait la Turquie si l'Egypte se
révoltait et que l'Europe la frappe d'un coup mortel.

Ne serait elle pas la seule responsable d'un pareil fait ? L'exitation à la révolution n'implique-t-elle pas l'aide et le concours
de l'excitateur ? Et quelle aide la Turquie pourrait-elle donner à
l'Egypte contre toute l'Europe ?

Ceux qui lancent contre nous cette accusation sont des ennemis enragés ou des ignorants ne comprenant pas ce qu'ils disent.
L'Egyptien qui appellerait à une révolution serait un ennemi de

son pays. S'il y a de par le monde un empire qui conseille aux Egyptiens le calme et la prudence, c'est incontestablement l'Empire Ottoman qui a le plus d'intérêt au salut de l'Egypte et à ce que ses malheurs ne s'aggravent pas.

L'accusation de trahison

Nos insulteurs et nos accusateurs nous ont accusés de vouloir faire sortir les Anglais pour donner notre patrie à la Turquie comme une simple province turque. C'est-à-dire que nous voudrions tout simplement changer de maître et non pas réclamer et obtenir l'indépendance.

Cette accusation est une déclaration que les sciences et la littérature de l'occident portées et répandues en Egypte depuis un siècle n'ont fait que nous attacher davantage à la servitude et que notre reconnaissance des droits et des devoirs des peuples ne nous a préparés qu'à être des esclaves.

Cette accusation est une injure pour la civilisation et les civilisés et une condamnation de la nation égyptienne qui ne pourrait jamais dans ce cas atteindre le degré des autres peuples. Car si les Egyptiens instruits ne cherchent qu'à remplacer un joug par un autre, comment pourrait-on espérer que l'Egypte puisse avancer et avoir une conscience nationale ?

Ceux qui lancent cette accusation invitent le monde à se moquer de leur intelligence, car le somali, l'abyssin et les autres races qui sont bien inférieures à la nation égyptienne dans le domaine de la science, de la littérature et du sentiment ont admirablement défendu leur indépendance et prouvé à l'univers que l'amour de la patrie est inné et que l'homme n'a pas besoin pour avoir ce sentiment d'être savant ou lettré.

Que les ennemis de l'Egypte le sachent bien : Nous demandons hautement l'indépendance et de façon à ce que toutes les nations nous entendent et que si nous sommes les amis d'un peuple ou d'un empire nous faisons comme les autres et nous appliquons la loi naturelle qui veut que ceux qui ont le même intérêt s'entendent et s'entraident.

Si l'Angleterre cherche maintenant à se rapprocher de l'Empire ottoman et change sensiblement sa politique envers lui, qui pourrait blâmer les Egyptiens d'être dans les meilleures termes avec la Turquie et de conserver de leur mieux ses liens ?

L'étroitesse dans le patriotisme

Nos ennemis disent encore que nous sommes étroits d'esprit, faibles d'aspirations et que nous refusons le titre d'égyptiens à ceux qui sont nés en Egypte et qui l'habitent.

Rien ne prouve ce dire. Si nous luttons de toutes nos forces contre cette bande égarée et ignorante qui a déclaré au pays et à ses habitants une guerre acharnée, nous faisons en même temps une différence entre elle et le reste des orientaux : Turcs, Arabes et Syriens qui ont pris l'Egypte pour patrie, qui l'ont aimée et qui ont partagé nos peines et nos espérances, devenant ainsi de véritables Egyptiens.

Nous accueillerons avec grand plaisir tous ceux qui veulent entrer dans notre nationalité, qui reconnaissent nos droits, qui apprécient l'honneur de notre lutte et qui travaillent pour l'indépendance de notre pays. Car nous voulons accroître les forces de la patrie et augmenter le nombre de ceux qui travaillent pour sa prospérité, sa gloire et sa grandeur.

Ce sont les nations faibles de patriotisme qui craignent l'entrée de l'étranger dans leurs nationalités.

Nous sommes aujourd'hui grâce à Dieu, une nation forte de sentiment qui ne craint rien pour le patriotisme. Qu'il entre dans la nationalité égyptienne quiconque voudrait être égyptien. S'il n'accroît pas sa force cette nationalité elle-même accroîtra son enthousiasme, sa témérité et remplira son cœur d'amour pour la liberté et l'indépendance.

L'accusation de fanatisme

Nos ennemis ont dit encore que nous mêlons la religion au patriotisme, que nous parlons toujours des Musulmans, que nous demandons un enseignement religieux et pour cela on nous accuse de fanatisme hideux.

Comment se fait-il que l'Angleterre et l'Allemagne ne sont pas fanatiques alors qu'elles s'attachent à l'enseignement religieux dans leurs écoles et serions-nous accusés de fanatisme religieux ?

Comment se fait-il que l'anglais puisse être patriote et protestant en même temps et que l'égyptien musulman ne puisse pas être patriote et musulman ?

Le patriotisme ne serait-il loyal et sain que s'il détruisait la religion et l'annulait? La vérité éclatante et qui ne peut pas être contestée est que le patriotisme et la religion s'accordent et quelquefois même se fondent.

Si nous voulons montrer à notre nation la vérité religieuse c'est parce que les stupidités et les mensonges répandus parmi le peuple au nom de la religion ont défiguré la vérité de cette religion.

Ce qui a amené à attribuer à la religion l'ignorance, la décadence et toutes les calamités. C'est pourquoi il est impossible de réveiller la nation et de la relever sans la vérité religieuse. Car on ne pourrait pas détruire l'armée de l'erreur formée et organisée au nom de la religion que par la religion elle-même.

L'enseignement religieux n'est pas seulement un devoir au point de vue religieux, mais il l'est encore au point de vue patriotique. En effet si un homme voulant guider la nation attire son attention sur ses devoirs au nom de la patrie, de la science et de l'intérêt et que les égarés et ceux qui ont subi les fausses convictions lui répondent que la religion contredit ses affirmations, cet homme ne pourrait persuader le peuple et l'attirer à son opinion que s'il croit qu'elle est opposée aux stupidités et aux mensonges et qu'elle marche d'accord avec la science et la patrie.

D'ailleurs la diffusion de la vérité islamique parmi les musulmans est le grand mobile de leur tolérance et de leur rapprochement des autres nations. Le fanatisme ne peut exister avec la science. La discorde ne peut jamais vivre avec la lumière du savoir. Il est de l'intérêt de tous les éléments que les musulmans connaissent leur religion telle qu'elle est et que les fléaux de l'ignorance et des fausses croyances disparaissent.

L'excitation contre les puissances

Nos insulteurs ne se sont pas contentés des accusations précédentes. Ils ont dit que le parti national était un instrument entre les mains de l'Allemagne contre la France et l'Angleterre pour créer une agitation dans les pays musulmans soumis à leur domination. Le but visé par cette accusation est de faire marcher les deux puissances contre nous et de nous faire perdre les nombreuses amitiés que nous avons en Europe. Nous proclamons devant le monde entier que le parti national est indépendant de

tous les puissances, de tous les gouvernements, de tous les souverains
et de tous les princes. Le parti national travaille au bonheur et
à l'indépendance de l'Egypte par tous les moyens qu'il juge bon.

Rien ne prouve les mensonges de nos ennemis comme les critiques que nous avons adressées maintes fois à la politique alle-
mande en lui disant que les musulmans ne pourront jamais croire
à son amitié tant qu'elle poursuivra sa politique actuelle en Egypte
et qu'elle ne demandera pas la solution de la question d'Egypte
dans un congrès européen, comme elle l'a fait pour le Maroc. La
différence est cependant bien grande entre l'Egypte et le Maroc
et les intérêts européens sont autrement importants en Egypte.

Les musulmans se tromperaient eux-mêmes et feraient à leurs
pays un grand mal s'ils croyaient qu'ils trouveront leur salut en
comptant sur une puissance quelconque, en dorant du sommeil de
la tranquillité et en croyant qu'ils peuvent vivre à l'abri de tout,
grâce à l'amitié de cette puissance.

Leur salut dépend de leurs propres efforts, de la sauvegarde
qu'ils donnent à leurs pays par la science, la justice, l'ordre et
la constitution. Le malheur des malheurs réside dans l'emploi
que fait l'ignorant de l'islam. Il en fait son arme pour tuer
les innocents, musulmans et non musulmans et ruiner les pays et
les hommes. Il commet tous les méfaits en disant : *C'est l'œuvre
de l'Islam.*

L'Islam est innocent de ces crimes. L'Islam est l'ennemi achar-
né de toutes ces horreurs.

L'Islam et l'ignorance ne peuvent jamais s'accorder. *Point d'islamisme s'il n'y a pas à côté de lui justice, science, civilisation
et humanité.*

Que les nations musulmanes qui peuvent encore sauver leur
indépendance portent haut le drapeau du vrai islamisme. Qu'elles
imitent le Japon en comptant sur leur propre lutte et demandant la vie et la grandeur à leurs efforts et non pas à l'appui
d'une puissance étrangère dont elles ignorent le but caché par ses
démonstrations amicales.

La politique qui pousse un gouvernement à aider, à un moment donné, un peuple musulman peut changer, avec les circonstances et interdire à ce gouvernement de donner à ce peuple
son concours.

Il est du devoir de ceux qui guident les musulmans et qui les
conseillent d'attaquer les causes de la décadence et de faire la

guerre aux ignorants avant d'attaquer les envahisseurs étrangers.

C'est l'ignorance qui a invité ces envahisseurs à ambitionner la conquête des pays musulmans. *Si les musulmans arrivent à organiser leurs pays et à prouver au monde que l'islamisme est une religion de civilisation, de progrès et de fierté, personne n'osera les attaquer et tout le monde cherchera leur amitié!*

L'accord et l'action

Messieurs.

Lord Cromer a, avant son départ, invité tous les éléments étrangers à se mettre d'accord contre les Égyptiens en exécution de la politique de discorde qu'il a suivie le long de sa vie.

Permettez-moi de vous inviter tous à l'accord et à l'union et à mettre fin à toute discorde entre vous et les colons européens. Car l'union est la grande force. Sans elle aucune nation ne se serait relevée et la solidarité n'aurait jamais existé entre les membres de la société humaine.

Il vous est pénible de voir parmi les fils du pays des hypocrites et des traîtres. Mais ce cas n'est pas limité à l'Égypte. Il est général dans le monde entier. S'il navre d'un côté les cœurs des patriotes loyaux, d'un autre il leur fait plaisir, car il éloigne du mouvement national les éléments corrompus et le rend pur et sans défauts.

Serrez vos rangs, travaillez avec ardeur et assiduité et prouvez à nos ennemis et à nos amis que nous sommes plus dignes de la constitution et de l'indépendance que les autres nations.

Le véritable patriotisme appelle l'homme à sacrifier, s'il le faut, sa vie, au service de la patrie. Sacrifions tous nos haines personnelles.

Oublions notre animosité et nos différends devant l'intérêt national et devant la patrie sacrée.

Oublions nos personnes, mettons de côté nos ambitions personnelles d'être des chefs et suivons le plus modeste d'entre nous, s'il sert la vérité. Car en le faisant triompher nous faisons triompher en même temps la patrie et le pays tandis qu'en le faisant échouer nous ferions également échouer la patrie et le pays.

Messieurs, le monde entier a le regard fixé sur l'Égypte et sur l'avenir de son mouvement national. Nos ennemis travaillent de leur mieux pour bouleverser ce mouvement et détruire ses traces.

Rappelez vous cela sans cesse afin de fortifier l'accord entre nous et de faire exister la fraternité dans le sens le plus élevé du mot, entre nous.

J'invite chacun d'entre vous à adhérer au parti national, afin d'étendre le cercle de l'action pour le plus grand bien de l'Egypte et d'accroître le nombre de ceux qui demandent l'indépendance, qui représentent la fierté et l'union nationales et qui travaillent à la grandeur du pays.

Le discours était à peine achevé que de la salle entière s'élevait une clameur unanime ! Vive l'Egypte ! Vive le patriotisme ! Vive Moustafa Kamel Pacha ! Que Dieu donne à notre patrie l'indépendance et la liberté !